BEI GRIN MACHT SICH IHR WISSEN BEZAHLT

- Wir veröffentlichen Ihre Hausarbeit, Bachelor- und Masterarbeit

- Ihr eigenes eBook und Buch - weltweit in allen wichtigen Shops

- Verdienen Sie an jedem Verkauf

Jetzt bei www.GRIN.com hochladen und kostenlos publizieren

Bibliografische Information der Deutschen Nationalbibliothek:

Die Deutsche Bibliothek verzeichnet diese Publikation in der Deutschen Nationalbibliografie; detaillierte bibliografische Daten sind im Internet über http://dnb.d-nb.de/ abrufbar.

Dieses Werk sowie alle darin enthaltenen einzelnen Beiträge und Abbildungen sind urheberrechtlich geschützt. Jede Verwertung, die nicht ausdrücklich vom Urheberrechtsschutz zugelassen ist, bedarf der vorherigen Zustimmung des Verlages. Das gilt insbesondere für Vervielfältigungen, Bearbeitungen, Übersetzungen, Mikroverfilmungen, Auswertungen durch Datenbanken und für die Einspeicherung und Verarbeitung in elektronische Systeme. Alle Rechte, auch die des auszugsweisen Nachdrucks, der fotomechanischen Wiedergabe (einschließlich Mikrokopie) sowie der Auswertung durch Datenbanken oder ähnliche Einrichtungen, vorbehalten.

Impressum:

Copyright © 2015 GRIN Verlag, Open Publishing GmbH
Druck und Bindung: Books on Demand GmbH, Norderstedt Germany
ISBN: 9783668532762

Dieses Buch bei GRIN:

http://www.grin.com/de/e-book/375932/die-strafe-aus-biblischer-und-paedagogischer-sicht-welchen-nutzen-hat

David Rümmler

Die Strafe aus biblischer und pädagogischer Sicht. Welchen Nutzen hat sie in der Erziehung und wie wird sie in der Bibel dargestellt?

GRIN Verlag

GRIN - Your knowledge has value

Der GRIN Verlag publiziert seit 1998 wissenschaftliche Arbeiten von Studenten, Hochschullehrern und anderen Akademikern als eBook und gedrucktes Buch. Die Verlagswebsite www.grin.com ist die ideale Plattform zur Veröffentlichung von Hausarbeiten, Abschlussarbeiten, wissenschaftlichen Aufsätzen, Dissertationen und Fachbüchern.

Besuchen Sie uns im Internet:

http://www.grin.com/

http://www.facebook.com/grincom

http://www.twitter.com/grin_com

Referat

Strafe in der Erziehung

Inhaltsverzeichnis

Inhaltsverzeichnis 2

1. Meinung als Christ zu Strafe 3

2. Kontroverse Ansicht 5

3. Beispielsituationen die Strafe erfordern 7

4. Verschiedene Möglichkeiten der Strafe 8

5. Die Wichtigkeit des Aktionsleitfadens 9

6. Quellenangabe 10

    Literaturverzeichnis 10

    Internet: 11

1. Meinung als Christ zu Strafe

Meiner Meinung nach sind Strafen unumgänglich, da alle Menschen Fehler machen und Erziehung brauchen. In der **Bibel** können wir in 1.Joh 1,8 lesen: *„Wenn wir sagen, wir haben keine Sünde, so betrügen wir uns selbst, und die Wahrheit ist nicht in uns"*[1]. Das heißt jeder Mensch hat schon gegen Gottes Ordnungen verstoßen. Die logische Konsequenz, die aus der Sünde folgt, ist der Tod (Jak 1,15). Doch wir werden glücklicherweise nicht nach unserem Maß an Sünde oder unsere Ansammlung von guten Taten gerichtet. Paulus schreibt dazu im Römerbrief 3,24: *„Alle Sünder werden ohne Verdienst gerecht aus seiner Gnade durch die Erlösung, die durch Christus Jesus geschehen ist."* Das heißt, Gott konnte unsere Fehler und unsere Sünden nicht einfach vergessen, weil Gott gerecht ist. Da er aber auch gnädig ist, hatte er die Lösung parat, die ihn alles kosten sollte, seinen Sohn. Er stand für unsere Sünden gerade. Und weil er es tat, können wir Vergebung erfahren. Jesaja prophezeite dazu über Jesu leiden: *„Fürwahr, er trug unsre Krankheit und lud auf sich unsre Schmerzen. Wir aber hielten ihn für den, der geplagt und von Gott geschlagen und gemartert wäre. Aber er ist um unsrer Missetat willen verwundet und um unsrer Sünde willen zerschlagen. Die Strafe liegt auf ihm, auf dass wir Frieden hätten, und durch seine Wunden sind wir geheilt."* (Jes 53, 4-5). Die Strafe war also nötig, nur hat sie Jesus für uns getragen. Wenn man also behaupten würde, dass Strafe überfällig sei, würde man damit auch behaupten, dass der Kreuzestod Jesus nicht notwendig gewesen wäre. Denn Gott hielt es sehr wohl für notwendig. Als Jesus im Garten Gethsemane betete: *„Mein Vater, ist's möglich, so gehe dieser Kelch an mir vorüber; doch nicht wie ich will, sondern wie du willst!"* (Mt. 26,39). Doch wie wir wissen, war es nicht möglich. Die Strafe war nötig und Jesus hat sie getragen.

Doch auch neben dieser soteriologischen Perspektive ist **Strafe im Leben** nicht wegzudenken. Denn obwohl die Errettung nicht an das makellose Leben eines Christen gekoppelt ist, so will Gott doch, das wir nach seinem Willen leben wie man im Römerbrief lesen kann: *„Und stellt euch nicht dieser Welt gleich, sondern ändert euch durch Erneuerung eures Sinnes, damit ihr prüfen könnt, was Gottes Wille ist, nämlich das Gute und Wohlgefällige und Vollkommene"* (Röm 12,2). Um zu wissen was Gott gefällt, braucht es zum einen den Heiligen Geist, der das Gewissen bestimmt und so Erkenntnis schenkt was Gottes Willen ist. Es braucht aber auch die Gebote Gottes. Sie zeigen was er von seinen Kindern erwartet. Um zu dieser Ordnung zu erziehen, kann die Strafe ein Erziehungsmittel sein. Selbst der säkulare Autor Dietrich, sieht in

---

[1] Alle Bibelzitate sind aus folgender Übersetzung zitiert: Die Bibel, Nach der Übersetzung Martin Luthers, Bibeltext in der revidierten Fassung von 1984, Stuttgart 1999

der anthropologischen Fehlbarkeit des Menschen den Grund, warum Strafen nötig sind.[2] Die Strafe muss eine Umkehr zur Ordnung zum Ziel haben.[3] Doch darf dabei, besonders bei Kindern, nie mit Gott als Druckmittel gearbeitet werden. Also niemals etwas sagen wie: „Wenn du lügst hat dich Gott nicht mehr lieb" o.ä. Vielmehr sollte durch die Erziehung die Lüge als etwas Negatives dargestellt werden und bei Missachten dieser Regel sinnvolle Konsequenzen folgen (z.B. eine Entschuldigung und das Aufklären der Wahrheit).

Damit bin ich schon bei den **Strafkategorien**. So gibt es zum einen die sogenannte natürliche Strafe[4], die als Reaktion auf das Fehlverhalten folgt. Z.B. muss das Gestohlene zurückgegeben werden oder es muss eine Entschuldigung vor der Person ausgesprochen werden, der wehgetan wurde. Eine andere Kategorie der Strafe, ist die Strafe zur Abschreckung. Da wo die natürlichen Strafen an ihre Grenzen kommen, wird oft diese Form der Strafe angewandt. Dabei hat das Fehlverhalten keinen Bezug zu der folgenden Strafe. Es soll aber den Zweck haben, abzuschrecken, dieses Fehlverhalten nicht noch einmal zu praktizieren. Solche Strafen sind z.B. Hausarrest oder das Streichen von Taschengeld obwohl das Vergehen z.B. Aufsässigkeit gegenüber den Eltern war. Eine weitere Strafkategorie sind die Kollektivstrafen. So wird eine ganze Gruppe bestraft, obwohl vielleicht nur einzelne der Gruppe ein Fehlverhalten an den Tag gelegt haben. Ich habe z.B. in einer Jugendherberge erlebt wie mein Klassenlehrer die ganze Klasse nachts um 4 zum „Frühsport" hat antreten lassen, obwohl nur einige Jungs die Nachtruhe gebrochen haben. Mir hat es nichts ausgemacht, weil ich sowieso wach war, aber die Mädels aus der Klasse haben uns am nächsten Tag so „Feuer gegeben", dass der pädagogische Effekt eingetreten ist, ohne das der Lehrer das Fehlverhalten bewerten musste.

Gerade bei der nicht natürlichen Strafe, kann dem Bestraften die Konsequenz des Erziehenden wie Willkür erscheinen und statt dem erwünschten Lerneffekt stellt sich Frust und Rebellion ein. Auch können diese Strafen zur Abschreckung tatsächlich schnell übertrieben werden. Sie können ein Zeichen von Überforderung in der Erziehung sein. Wenn die Strafen dann eher den Charakter der Rache haben, sind sie nicht mehr akzeptabel. Denn wenn schon in Bagatellfällen mit solchen abschreckenden Strafen oder gar mit körperlichen Züchtigungen reagiert wird, ist dies ein Zeichen von Unsicherheit und führt bei dem Kind zu einer Abwendung von dem Erziehenden.[5] Auf verschiedene Möglichkeiten der Strafe wird unter Punkt 4 genauer Bezug genommen.

---

[2] vgl. T. Dietrich, Zeit- und Grundfragen der Pädagogik, Bad Heilbrunn 1998, 122.
[3] vgl. ebd., 121.
[4] vgl. ebd., 123.
[5] vgl. T. Dietrich, a.a.O., 131.

Ich möchte weitere Beispiele für Strafe in der Bibel ausführen. So zeigt die Geschichte von Eli und seinen Söhnen, dass es falsch ist nicht zu Strafen, wo es eigentlich sinnvoll wäre. Denn Eli bat seine Söhne nur, dass sie mit ihrem sündigen Verhalten aufhören sollten (1.Sam 2,24 f.) und ließ keine Konsequenzen folgen, als die Söhne ihr Verhalten doch nicht änderten. Gott verurteilt daraufhin das Haus Eli, weil er nichts dagegen unternommen hat, wie sich seine Söhne verhielten (1.Sam 3,3). Wo Strafe ausbleibt, wird auch das Fehlverhalten nicht korrigiert und so mussten die Söhne Elis sterben (1. Sam 4,11). In der Bibel kommen sonst auch die oben aufgeführten unterschiedlichen Strafkategorien vor. So erleben die Israeliten die Strafe als Abschreckung am Beispiel von Usa, der an die Bundeslade griff und sofort starb (2. Sam 6,6). Im Neuen Testament wären hier Hananias und Saphira zu nennen, die wegen einer Lüge sofort starben (Apg 5,1-11). Dies sollte zur Abschreckung dienen und den anderen Anwesenden bzw. allen Lesern der Bibel zur Lehre dienen. Es gibt aber auch viele Ansätze für die natürlichen Strafen im Gesetz im AT. Z.B. soll ein Dieb als Strafe das Gestohlene zweifach zurückerstatten (Ex 22,3). Im Neuen Testament erkennt Zachäus in der Gegenwart Jesu, dass er wieder in Ordnung bringen muss, wo er Menschen betrogen hat und ließ sich selber die „Strafe" auf den Betrogenen 4-fach zurückgeben (Lk 19,8). Ein Beispiel für eine nicht akzeptable Strafe finden wir in der Bibel z.b. bei dem Blutbad zu Sichem (Gen 34). Dort rächen sich die Söhne Jakobs an einer ganzen Stadt, weil ein Bewohner dieser Stadt ihre Schwester misshandelt hat. Jakob verurteilt diese Kollektivstrafe. Seine Söhne fragen ob es denn in Ordnung gewesen ist, dass Sichem ihre Schwestern misshandelt hat. Das war es natürlich nicht, aber die Strafe war dennoch nicht angebracht. Im NT wird die gewaltsame Strafe am Beispiel von Petrus, der dem Soldaten ein Ohr abhieb, von Jesus generell verurteil (Joh 18,10 f.).

2. Kontroverse Ansicht

Bezüglich des Themas Strafe kann man, wie bei fast jedem Thema, auf 2 Seiten vom Pferd fallen. Denn es gibt zum einen die Meinung, dass **Strafe gänzlich abzulehnen ist,** weil sie ein reines Abschreckungsmittel ist, welches lediglich die Unterdrückung des Kindes bewirkt und keine Erziehungswirkung hat.[6] Einige dieser Pädagogen sehen sogar in dem Strafgesetzbuch der jeweiligen Regierung eine Einengung der Fähigkeit, eigene Verantwortung und Einsicht für sein Verhalten zu entwickeln.[7] Auch der große Theologe, Philosoph und Pädagoge Friedrich Ernst Daniel Schleiermacher (1768-1834) schreibt, dass Strafe aus rein ethischen Prinzipien zu verwerfen ist, da sie Menschen nicht bessern kann.[8] Dagegen würde ich meine eigene Erfahrung

---

[6] vgl. ebd., 117.
[7] vgl. T. Dietrich, a.a.O., 117.
[8] vgl. F.E.D. Schleiermacher, Pädagogische Schriften, 1. Bd., Düsseldorf 1957, 240.

mit Kindern, die immer meinen sich entfalten zu können, dagegensetzten. Denn es ist für Gesellschaftsformen notwendig, gewisse Ordnungen aufzustellen. Ein antiautoritäres pädagogisches Konzept stellt sich nämlich nicht nur gegen die Strafen, sondern auch gegen das Aufstellen von Ordnungen im Allgemeinen. Doch hierbei wird keine realistische Situation beschrieben, sondern eine Ideologie wie sie z.b. Karl Marx vertrat. Er schreibt, dass erstmalig im Sozialismus die Möglichkeit besteht, die Mitglieder der Gesellschaft zu allseitig entwickelten Persönlichkeiten zu erziehen, für die Strafe und Ordnungen eine immer geringere Rolle spielen.[9] So muss es selbst in der Jungschar Regeln und Ordnungen geben, dass ein Miteinander funktionieren kann. Wenn diese Ordnungen nicht eingehalten werden, muss ich als Pädagoge darauf reagieren können. Kinder die immer nur machen was sie wollen werden meiner Meinung nach unverantwortlich schlecht auf das „echte Leben" vorbereitet, in dem es von Nöten ist sich anzupassen und gewisse Ordnungen und Regeln einzuhalten. Auch die Bibel gibt eine ganz andere Richtung vor. So kann man in den Sprüchen lesen: *„Wer seine Rute schont, der hasst seinen Sohn; wer ihn aber lieb hat, der züchtigt ihn beizeiten"* (Spr 13, 24). Dabei ist dies keine Aufforderung zu Gewalt, denn die Sprüche sind ein poetisches Buch, welches mit Metaphorik arbeitet[10]. Die Rute ist also viel mehr bildlich wie wörtlich zu verstehen. Sie steht für eine konsequente und autoritäre Erziehung. Noch deutlicher wird dies in Sprüche 29, 15: *„Rute und Tadel gibt Weisheit, aber ein Knabe, sich selbst überlassen, macht seiner Mutter Schande."* Statt der selbstständigen und verantwortungsbewussten Menschen, werden durch einen solchen Erziehungsstil Menschen geformt, die ihren Eltern Schande machen. Auch im Neuen Testament findet man im Brief des Paulus an die Epheser den Hinweis: *„Ihr Kinder seid gehorsam euren Eltern in dem Herrn; denn das ist recht"* (Eph 6,1). Dass die Kinder ihren Eltern gehorsam sein können, ist es natürlich von Nöten, dass es Gebote und Ordnungen gibt, denen gehorcht werden soll.

Auf der anderen Seite des Pferdes findet sich das **übertriebene Strafen**. Hier wird schon bei Bagatellfällen mit harten Strafen in Form von Zwangsarbeit, Schlägen oder anderen Abschreckungsmaßnahmen reagiert. Besonders wenn in diesen Fällen biblisch argumentiert wird, (siehe oben Beispiele mit Rute etc.), ist dies abzulehnen. Denn wie oben beschrieben, bedienen sich die Sprüche mit dem poetischen Mittel der Metaphorik. Auch an anderen Stellen kann man die Sprüche keinesfalls wörtlich nehmen, sie sind vielmehr bildhafte Ratschläge. Eine biblische Aussage bezüglich dieses Themas, findet sich dagegen im Epheserbrief: *„Und ihr Väter, reizt eure Kinder nicht zum Zorn, sondern erzieht sie in der Zucht und Ermahnung*

---

[9] vgl. J. Berg, Zur Theorie der Strafe in der sozialistischen Schule, Berlin 1961, 19.
[10] vgl. Br. H. Freund, Stichworte zur Eigenart Hebräischer Poesie, in: Exegese Psalmen und Weisheitsliteratur (Theologisches Seminar Adelshofen, unveröffentlichtes Unterrichtsskript 2015).

des Herrn" (Eph 6,4). Denn darin geht die Bibel mit den Vertretern der antiautoritären Erziehung und den Gegnern von Strafe überein: Missbräuchlich angewandte Strafe, die oft eine unüberlegte und verzweifelte Handlung darstellt, trägt nicht zur Erziehung oder Besserung des Kindes bei, sondern kann viel mehr zu einem Widerstand oder sogar einer Abwendung von dem Elternhaus bzw. dem Pädagogen führen. [11] Strafen sollen das Selbst des Kindes stärken und das Kind zum rechten Tun ermutigen, dabei aber nie die Würde des Kindes verletzen. Hat nämlich ein Kind den Eindruck, dass die Erziehenden mit willkürlicher Härte Strafen, je nachdem wie ihre Laune ist, wird das Kind vielleicht aus Angst das Fehlverhalten unterlassen. Doch es setzt bei dem Kind keine Reue und kein echtes Verändern des Denkens ein. Zu hartes Strafen, besonders körperlicher Art, bringt also kein Auseinandersetzen mit der Straftat, noch führt es zur Umkehr, sondern schreckt lediglich ab.[12]

3. Beispielsituationen die Strafe erfordern

Wenn ich eine Jungschargruppe betreue und ein Kind das andere während einem Geländespiel schlägt, würde ich als erstes mit einer Ermahnung des Kindes reagieren. Sollte das Kind auf die Aufforderung, damit aufzuhören, nicht reagieren, würde ich mir das Kind herausgreifen und als erste Maßnahme bzw. Strafe das weitere Mitspielen verbieten. Doch das Kind soll auch eine Chance haben sein Fehlverhalten wieder gut zu machen. So gebe ich dem Kind in der nächsten Spielpause die Möglichkeit, sich bei dem Geschlagenen zu entschuldigen. So kann das Kind selber wählen, ob es über seinen Stolz hinwegsieht, sich entschuldigt und demzufolge wieder mitspielen darf oder ob es weiterhin das Spiel nur beobachtet. Das Kind hat also die Chance das Strafmaß zu verringern, indem es Reue für sein Handeln zeigt. Die Strafe war aber auf jeden Fall nötig, um erstens dem Kind klar zu machen, dass Schlagen keine Lösung ist, um einen Konflikt zu lösen. Zweitens hat es auch für die anderen Jungscharkinder den Abschreckenden Effekt, dass sie wissen, wenn sie jemanden schlagen, ist das Spiel für sie beendet. Eine Kollektivstrafe, das heißt für alle das Spiel zu beenden, fände ich in diesem Fall nicht angebracht. Neben dem pädagogischen Effekt, können die Jungscharkinder auch gleichzeitig lernen, dass Vergebung etwas alltägliches sein sollte und die Situation wieder in Ordnung bringt. Gegebenfalls muss auch ein Gespräch mit dem Geschlagenen stattfinden, um die Gründe für das Schlagen zu klären und so möglichst beiden Seiten gerecht zu werden.

Ein weiteres konstruiertes Beispiel bei welchem sich eine „natürliche Strafe" anbieten würde, wäre folgendes: Wenn mir gesagt würde, dass mein Sohn bei dem Bäcker im Dorf Süßigkeiten

---

[11] vgl. T. Dietrich, a.a.O., 131.
[12] vgl. ebd., 124.

geklaut hat, dann wäre meiner Meinung nach eine Ermahnung in diesem Fall nicht ausreichend. Die Strafe lässt sich in diesem Fall gut aus der Tat konstruieren. So müsste mein Sohn zu dem Bäcker gehen, um sich zu entschuldigen und er müsste den Wert der gestohlenen Ware im Nachhinein von seinem Taschengeld bezahlen. Sollte so etwas nicht zum ersten Mal passiert sein, wäre selbst eine höhere Strafe angemessen. Z.B. dass mein Sohn bei dem Bäcker eine Woche lang helfen müsste, jeden Abend die Backstube zu säubern. Ich hoffe diese Situation wird nie eintreten, aber wenn doch, wäre es eine der Situationen in denen Strafe nötig wäre und zum Umdenken bei dem Bestraften führen könnte.

4. Verschiedene Möglichkeiten der Strafe

Neben der verschiedenen Strafkategorien (siehe 1.), den kontroversen Ansichten bzw. den Extremen (siehe 2.) und den schon genannten Beispielen mit Lösungsansatz (siehe 3.), soll es hier noch einmal um die konkrete Umsetzung der Strafe gehen. Grundsätzlich soll noch einmal gesagt sein, dass die Strafe nur ein Erziehungsmittel ist. Sie sollte nicht das wichtigste Erziehungsmittel sein. Vor allem dürfen positive Reaktionen auf das Verhalten nicht fehlen. So z.B. Lob und Belohnung. Doch auch der anderen „negativen" Erziehungsmittel sollte sich bedient werden. Z.B. kann die Ermahnung, der Tadel, die Erinnerung, das klärende Gespräch etc. ein bessere Alternative als die Strafe sein[13]. Dies gilt es in der bestimmten Situation abzuschätzen. Wichtig ist nur, dass das Kind sich nicht willkürlich behandelt fühlt. Dafür ist es nötig, dass das Kind die Regeln kennt. In einer Gruppe (z.B. Jungschar oder Jugendkreis) müssen also die Regeln bekannt sein. Am besten werden die Regeln mit den dazugehörigen Konsequenzen bzw. Strafen mit den Kindern oder Jugendlichen selbst erarbeitet. Dies stärkt laut „Dietrich" das Verantwortungsbewusstsein und trägt dazu bei, dass jeder versucht sich an die Ordnungen zu halten.[14] Wichtig ist, dass solche Regelungen eindeutig und einfach sind, sonst könnten vor allem Jugendliche ein Schlupfloch im Gesetz suchen. Wichtig ist auch, dass der Pädagoge ein möglichst gutes Verhältnis zu seiner Gruppe hat. Denn wenn ein solches partnerschaftliches Verhältnis besteht, ist es auch möglich mit den Kindern und Jugendlichen ins Einzelgespräch zu kommen und ein Verständnis für die Regeln und Strafen zu entwickeln. So habe ich auch in der Jungschar erlebt, dass den Kindern das gute Verhältnis zum Jungscharleiter so wichtig ist, dass sie sich lieber an die Regeln halten, als es sich mit ihm zu verscherzen. Gerade bei der Betreuung von Gruppen, die man einigermaßen gut einschätzen kann (bekannte Schulklasse, Jungschargruppe etc.), kann es auch eine gute Lösung sein, sich vorher bestimmte Strafen für Situationen die auftreten können, zu überlegen. So verhindert man

---

[13] vgl. T. Dietrich, a.a.O., 115.
[14] vgl. ebd., 129.

in der Stresssituation des Konfliktes überstürzt zu handeln. Eine gut überlegte Strafe, die eine logische Konsequenz für das Fehlverhalten ist, führt viel eher zu einem Umdenken bei dem Kind, als eine „Standartstrafe" wie z.b. das Nachsitzen in der Schule. Es ist bei Strafen immer wichtig, den Sinn dahinter im Vier-Augen-Gespräch zu erklären. Dabei sollte moralisieren vermieden werden. Als Sinn der Strafe muss für den Bestraften die Selbsterziehung möglich und erkennbar sein.[15] Wenn man eine sehr gute Beziehung zu jemandem hat (z.b. zu den eigenen Kindern) kann auch schon ein strenger-mahnender Blick Strafe genug sein. Denn damit ist für das Kind ein Liebesentzug verbunden (besonders bei kleineren Kindern). Dietrich schreibt, dass es allerdings wichtig ist, diesen Liebesentzug nicht zu lange hinauszuzögern. Spätestens am Abend sollte die Welt wieder in Ordnung sein.[16] Damit stimmt er mit der Bibel ein, die im Epheserbrief rät: *„Zürnt ihr, so sündigt nicht; lasst die Sonne nicht über eurem Zorn untergehen"* (Eph 4,6). Auch für die eigenen Kinder gilt natürlich, dass sie die Regeln und Strafen kennen müssen und am besten selbst mit entwickelt haben.

5. Die Wichtigkeit des Aktionsleitfadens

Der Aktionsleitfaden, den die Bundesregierung bezüglich der „Eltern-Kind-Beziehung" herausgegeben hat, sagt aus, dass die Eltern das geistige, seelische, sittliche und körperliche Wohl des Kindes im Auge haben sollen. Das Ziel dabei ist, dass Kind zur Mündigkeit zu führen.[17] Auf diesem Weg kann die Strafe ein wichtiges Erziehungsmittel sein. Doch die körperliche Züchtigung wird als Erziehungsmittel, bzw. Strafmittel im Rahmen des Misshandlungsverbots-Gesetzes auf staatlicher Ebene verboten. Und das ist auch gut so, denn das Ziel der Mündigkeit und der Förderung der Selbstständigkeit, werden durch körperliche Züchtigungen keinesfalls gefördert. Christen die körperliche Züchtigung als „biblisch" betrachten, wäre entgegenzubringen, dass Paulus im Römerbrief auffordert der staatlichen Gewalt untertan zu sein und die Gesetze des Landes zu akzeptieren (Röm 13,1f.). Diese Lehraussage in Prosa, ist jedenfalls direkter zu verstehen, als oben genannte Stellen in den Sprüchen die poetisch verfasst sind. Auch wenn man auf Statistiken blickt, scheint diese Gesetzgebung mehr als gerechtfertigt. Denn 2011 wurde bei einer Umfrage ermittelt, dass 40% der Eltern ihre Kinder körperlich züchtigten[18]. Dabei sterben jährlich um die 100 Kinder an solchen Übergriffen und man spricht insgesamt von 200.000 Misshandlungsfällen im Jahr[19]. Es

---

[15] vgl. T. Dietrich, a.a.O., 120.
[16] vgl. ebd, 123.
[17] vgl. ebd, 131.
[18] Statista, Das Statistik Portal, Verfügbar über: http://de.statista.com/statistik/daten/studie/220137/ umfrage/anwendung-ausgesuchter-koerperlicher-zuechtigungsmassnahmen/ Datum des Zugriffs: 17.11.2015
[19] vgl. T. Dietrich, a.a.O., 124.

handelt sich hier keinesfalls nur um jähzornige, unbeherrschte und betrunkene Eltern, sondern auch um Besonnene, die mit harter Strafe reagieren, wenn ihre Kinder nicht das tun, was die Eltern als „angebracht" ansehen. In der Ausarbeitung wurde herausgearbeitet, dass Strafe in manchen Fällen nötig ist, um eine Auseinandersetzung des Bestraften mit seinem Fehlverhalten und eine Reue zu erzeugen. Doch genau diese positiven Auswirkungen von Strafe entstehen durch körperliche Züchtigung nicht. Denn die Motivation ist hier bei dem Kind nicht Reue, sondern Angst und Abschreckung statt Auseinandersetzung. Diese Abschreckung kann zwar dazu führen, dass das Kind dieses konkrete Fehlverhalten nicht wieder an den Tag legt, es sorgt aber nicht für ein mündig werden des Kindes. Das heißt, dass Kind lernt dadurch nicht selber einzuschätzen was richtig und falsch ist und wird demzufolge am Selbstständig werden gehindert. Neben der schon vorher angesprochenen Abwendung vom Erziehenden, kann körperliche Züchtigung auch noch andere negative Folgen haben. Z.B. Angst, Hass, Aggressivität bis hin zur sexuellen Perversion, dass ein Kind bzw. Jugendlicher Erregung empfindet, wenn er bestraft und geschlagen wird[20]. Aus all diesen Gründen ist der Aktionsleitfaden der Bundesregierung durchaus gerechtfertigt und wichtig. Man muss allerdings auch bedenken, dass viele Eltern aus Verzweiflung so reagieren. Da sollten wir uns als Christen auch hinterfragen, wo wir den Eltern in unseren Gemeinden Hilfe anbieten können. Denn wie Dietrich schreibt, sind Eltern fast immer die „ungelernten Arbeiter" auf dem Gebiet der Pädagogik[21], die Hilfestellungen von erfahrenen Eltern oder Pädagogen unter Umständen gerne annehmen würden, wenn es ihnen in der Gemeinde angeboten wird.

6. Quellenangabe

Literaturverzeichnis

Berg, J.: Zur Theorie der Strafe in der sozialistischen Schule. Berlin: VEB Verlag Volk und Wissen, 1961.

Die Bibel. Nach der Übersetzung Martin Luthers. Mit Apokryphen. Bibeltext in der revidierten Fassung von 1984. Stuttgart: Deutsche Bibelgesellschaft, 1999

Dietrich, T.: Zeit- und Grundfragen der Pädagogik. Bad Heilbrunn: Klinkhardt Julius Verlag, 1998.

Freund, H.: Stichworte zur Eigenart Hebräischer Poesie, in: Exegese Psalmen und Weisheitsliteratur (Theologisches Seminar Adelshofen, unveröffentlichtes Unterrichtsskript 2015).

---

[20] vgl. ebd., 126.
[21] vgl. ebd., 131.

Schleiermacher, F.E.D.: Pädagogische Schriften, 1. Bd. Düsseldorf: Küpper Verlag 1957.

Internet:

Statista. Das Statistik Portal. Verfügbar über: http://de.statista.com. Datum des Zugriffs: 17.11.2015

BEI GRIN MACHT SICH IHR WISSEN BEZAHLT

- Wir veröffentlichen Ihre Hausarbeit, Bachelor- und Masterarbeit

- Ihr eigenes eBook und Buch - weltweit in allen wichtigen Shops

- Verdienen Sie an jedem Verkauf

Jetzt bei www.GRIN.com hochladen und kostenlos publizieren